BEI GRIN MACHT SICH IHR WISSEN BEZAHLT

AF137961

- Wir veröffentlichen Ihre Hausarbeit, Bachelor- und Masterarbeit

- Ihr eigenes eBook und Buch - weltweit in allen wichtigen Shops

- Verdienen Sie an jedem Verkauf

Jetzt bei www.GRIN.com hochladen und kostenlos publizieren

Bibliografische Information der Deutschen Nationalbibliothek:

Die Deutsche Bibliothek verzeichnet diese Publikation in der Deutschen National-
bibliografie; detaillierte bibliografische Daten sind im Internet über http://dnb.d-
nb.de/ abrufbar.

Impressum:

Copyright © 2011 GRIN Verlag, Open Publishing GmbH
Druck und Bindung: Books on Demand GmbH, Norderstedt Germany
ISBN: 978-3-668-14195-7

Dieses Buch bei GRIN:

http://www.grin.com/de/e-book/315183/die-erosion-des-flaechentarifs-eine-krise-
der-tarifbeziehungen

Anonym

Die Erosion des Flächentarifs. Eine Krise der Tarifbeziehungen?

GRIN Verlag

GRIN - Your knowledge has value

Der GRIN Verlag publiziert seit 1998 wissenschaftliche Arbeiten von Studenten, Hochschullehrern und anderen Akademikern als eBook und gedrucktes Buch. Die Verlagswebsite www.grin.com ist die ideale Plattform zur Veröffentlichung von Hausarbeiten, Abschlussarbeiten, wissenschaftlichen Aufsätzen, Dissertationen und Fachbüchern.

Besuchen Sie uns im Internet:

http://www.grin.com/

http://www.facebook.com/grincom

http://www.twitter.com/grin_com

Philipps-Universität Marburg
Fachbereich 03 – Gesellschaftswissenschaften und Philosophie
Institut für Soziologie
Wintersemester 2011/12
SE: Konfliktpartnerschaft: Grundlagen und Perspektiven der Industriellen Beziehungen
Datum: 14.11.2011

Handout: Krise der Tarifbeziehungen – Erosion des Flächentarifs

1. Aktuelle Situation

Branchentarifbindung der Beschäftigten 1996 und 1998, 2000 bis 2010
West- und Ostdeutschland, Anteile in Prozent

- Westdeutschland
- Ostdeutschland

Westdeutschland: 1996: 70, 1998: 68, 2000: 63, 2001: 63, 2002: 63, 2003: 62, 2004: 61, 2005: 59, 2006: 57, 2007: 56, 2008: 56, 2009: 56, 2010: 56

Ostdeutschland: 1996: 56, 1998: 52, 2000: 47, 2001: 45, 2002: 44, 2003: 44, 2004: 42, 2005: 41, 2006: 41, 2007: 40, 2008: 38, 2009: 37

2010 nach Tarifverträgen: West / Ost*
- Branchentarifvertrag
- Firmentarifvertrag
- kein Tarifvertrag

Ost*: 37, 51, 13

* Abweichung von 100 % durch Runden der Zahlen.

Quelle: IAB-Betriebspanel.

© IAB

2. Flächen- vs. Firmentarifvertrag

Vorteile des Flächentarifvertrages für Unternehmen
- Kartellfunktion (Lohnkostengleichheit)
- Befriedungsfunktion (kein Streik im eigenen Unternehmen)
- Ordnungsfunktion (kein Streik im Zulieferbetrieb)
- Entlastungsfunktion (Keine Entwicklung eigener Vergütungssysteme, Rechtssicherheit)
- Transaktionskostenminimierung (keine Aushandlung individueller Arbeitsverträge)
- „Sozialpartnerschaft" (innerbetriebliche Kooperationskultur)

Vorteile des Flächentarifvertrages für Gewerkschaften
- Verbesserung der strukturellen Unterlegenheit
- Weitreichender Forderungskatalog möglich
  -> Inflationsrate, Produktivitätssteigerung, Umverteilungskomponente
  -> Gleiches Entgelt für gleiche Arbeit
- Wirtschaftspolitische Einflussnahme
  -> Krisenprävention durch Vermeidung von Überproduktionskrisen

3. Ursachen sinkender Flächentarifbindung

Praktisch
- Mitgliedschaft im AG-Verband ohne Tarifbindung (OT-Mitgliedschaft)
  -> AG kann Beratung und finanzielle Unterstützung des AG-Verbandes in Anspruch nehmen
  -> AG ist nicht an den abgeschlossenen Tarif gebunden
  -> ca. 1/3 der AG-Verbände ermöglichen eine solche Mitgliedschaft (2006)
- Tarifloser Zustand, d.h. es gibt keinen gültigen Tarifvertrag (TV)
  -> Arbeitgeber_in (AG) verlässt AG-Verband
  -> Verhandlung werden hinausgezögert
  -> AG wandelt die Mitgliedschaft im AG-Verband in eine OT-Mitgliedschaft um
  => falls vorhanden, wirkt der alte TV solange nach, bis eine neue Regelung getroffen wurde

Theoretisch
- Kartellfunktion wird nicht mehr erfüllt
  -> Internationalisierung der Konkurrenz
- Befriedungsfunktion und Ordnungsfunktion ohne FlächenTV
  -> Disziplinierung durch Massenarbeitslosigkeit/prekäre Beschäftigung
- „Sozialpartnerschaft" ohne FlächenTV
  -> Bündnisse für Arbeit und ökonomische Umstände
- Entlastungsfunktion ohne FlächenTV
  -> OT-Mitgliedschaft

4. Erosion des Flächen-TV

Differenzierung
- Unterschiedliche Tarifstandards bestimmter Beschäftigter

Öffnungsklauseln
- Spezielle Öffnungsklausel (auf best. Bereich beschränkt)
- Allgemeine Öffnungsklauseln
  -> Abschluss ergänzender Betriebsvereinbarung
  -> Zeitlich befristetes Unterschreiten von Konditionen aus dem Flächen-TV

„Betriebliche Bündnisse für Arbeit"
-> Verhandlungspartner sind Betriebsrat und AG
-> Tausch von tarifvertraglichen Rechten gegen „Arbeitsplatzgarantien"
=> Betriebsräte sind zunehmend gezwungen tariflich aktiv zu werden
  -> Problem: Keine Druckmittel in Form von Streik etc.

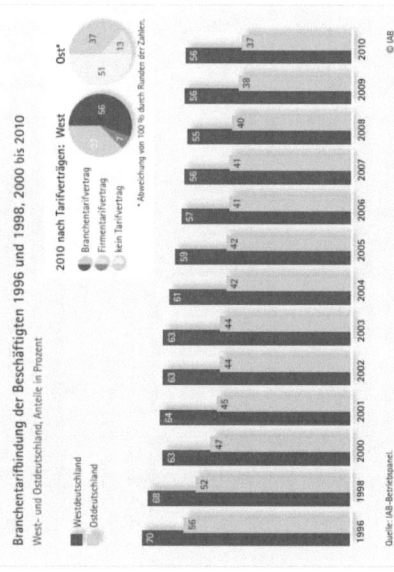

Veränderte Tariflandschaft

Drei Viertel aller tarifgebundenen Betriebe nutzen tarifliche Differenzierungs- und Öffnungsklauseln

75 %

- 51 % Variable Arbeitszeiten
- 26 % Arbeitszeitverlängerung
- 19 % Einstiegstarife
- 17 % Kürzung/Aussetzung der Jahressonderzahlung
- 15 % Befristete Arbeitszeitverkürzung
- 12 % Aussetzen von Tariferhöhungen
- 8 % Absenken von tariflichen Grundvergütungen
- 6 % Kürzung/Aussetzung des Urlaubsgeldes
- 5 % Allgemeine Härtefallklausel
- 3 % Weitere Klauseln

Quellen:

Bahnmüller, Reinhard (2002): Diesseits und jenseits des Flächentarifvertrags. Entgeltfindung und Entgeltstrukturen in tarifgebundenen und nichttarifgebundenen Unternehmen. In: Industrielle Beziehungen. 9. Jg., H. 4, S 402 – 424.

Bispinck, Reinhard (2006): Abschied vom Flächentarifvertrag? Der Umbruch in der deutschen Tariflandschaft. In: WSI (Hrsg.): Tarifhandbuch 2006. Frankfurt/Main. S. 41-66.

Hinke, Robert (2005): Der Flächentarifvertrag – Erinnerungsarbeit zu dessen Sinn und Zweck. In: Sozialismus, 32. Jg., H. 7 – 8. S. 22-32.

Institut für Arbeitsmarkt- und Berufsforschung (IAB) (Hrsg.) (2011): IAB-Aktuell. Tarifbindung der Beschäftigten. Online unter: <http://doku.iab.de/aktuell/2011/branchentarifbindung_1996-2010.pdf> [10.11.2011].

Kohaut, Susanne/Schnabel, Claus (2003): Zur Erosion des Flächentarifvertrages: Ausmaß, Einflussfaktoren und Gegenmaßnahmen. In: Industrielle Beziehungen, H. 2, S. 193 – 219.

Ver.di-Jugend (Hrsg.) (ohne Datum): Gefährlich für den Flächentarifvertrag – Tarifliche Öffnungsklauseln. Online unter: <http://jugend.verdi.de/interessenvertretung/service/tarifpolitik/material_und_links/data/tariflicheoeffnungsklauseln.pdf> [10.11.2011].

BERLIN, 19. Mai.

Der Präsident des Bundesverbandes der Deutschen Industrie (BDI), Hans-Olaf Henkel (...)

"Wir brauchen eine Änderung des Paragrafen 77 Absatz 3 des Betriebsverfassungsgesetzes, worin steht, dass das Monopol für Tarifverhandlungen den Arbeitgeberverbänden und den Gewerkschaften übertragen wird" (...)

"Wir brauchen hierzu Konkurrenz" (...)

"Unter der Voraussetzung, dass 75 Prozent der Mitarbeiter eines Betriebs damit einverstanden sind, sollten auch Unternehmen Tarifverträge mit ihren Arbeitnehmervertretern eingehen können." (...)

"unübersehbaren Erfolgen am Arbeitsmarkt" in Ländern wie Schweden, Holland, Großbritannien und Neuseeland. Diese Staaten hätten das Tarifkartell und auch die damit verbundenen Flächentarifverträge beizeiten aufgegeben. "In diesen Ländern gibt es eine interessante Korrelation zwischen der Reform des Flächentarifvertrags und der Fähigkeit, Arbeitsplätze zu schaffen" (...)

"Wenn jemand in einem Arbeitgeberverband eintreten oder bleiben will und wenn er die Abkommen und die Tarifverträge, die dieser Arbeitgeberverbände aushandeln, übernehmen möchte, dann soll er das. Aber denjenigen, die das nicht wollen, sollte man das nicht länger verbieten" (...)

Die Wirkung des Flächentarifvertrags verglich der BDI-Chef mit der eines Rasenmähers: "Mit diesem Rasenmäher wird alles gestutzt - - auch die schönen Blumen und trotzdem wird man das Unkraut nicht los" . (...)

"Egal, ob es sich um ein Computerunternehmen handelt, dem es besonders gut geht, oder um einen Druckmaschinenbetrieb, dem es schlecht geht - als Angehörige der Metallindustrie müssen alle dieselben Löhne bezahlen. Egal ob in der Hardware oder in der Software - im Metallbereich gibt es die 35 Stunden-Woche für alle", kritisierte der BDI-Chef. In Ostdeutschland, so Henkel, seien nur noch 30 Prozent der Arbeitgeber in Arbeitgeberverbänden. Längst sei dort "massiver Tarif- und Gesetzesbruch an der Tagesordnung, weil jeder toleriert, dass man sich auf betrieblicher Ebene auf vernünftige Regelungen einigt" (...)

Quellen:

Munsberg, Hendrik (2000): BDI-Präsident will das deutsche Tarif-Kartell aufbrechen. Online unter: <http://www.berliner-zeitung.de/newsticker/henkel--wer-in-keinen-arbeitgeberverband-will--den-sollte-man-lassen-bdi-praesident-will-das-deutsche-tarif-kartell-aufbrechen,10917074,9800984.html> (13.11.2011)

* Institut für Arbeitsmarkt- und Berufsforschung (IAB) (Hrsg.) (2011): IAB-Aktuell. Tarifbindung der Beschäftigten. Online unter: <http://doku.iab.de/aktuell/2011/branchentarifbindung_1996-2010.pdf> (10.11.2011).

** Hans Böckler Stiftung (Hrsg.) (2005): Tarifliche Öffnungsklauseln. Kritisches Urteil der Betriebsräte. In: Böckler impuls. H. 11/2005. S. 1.

1. Aktuelle Situation:

- Beginnen möchte ich mit der aktuelle Situation, also der Verbreitung des Flächentarifvertrages, wie sie aus dem Betriebspanel des Instituts für Arbeitsmarkt- und Berufsforschung (IAB) hervorgeht

- Die Grafik des Handouts zeigt die Entwicklung der Tarifbindung zwischen 1996-2010
  - -> und erfasst den Prozentsatz aller Beschäftigten, die einem Flächen-TV unterliegen
  - -> Blau ist Westdeutschland, Gelb Ostdeutschland

- -> Für Ostdeutschland ist ersichtlich, dass die Flächen-TV-bindung rückläufig ist und mittlerweile nur noch 37 % einem Flächen-TV unterliegen
- -> Mit Blick auf das Tortendiagramm rechts oben sieht man, dass die Hälfte der Ostdeutschen Beschäftigten gar keinem TV unterliegt und die verbleibenden 13% zumindest FirmenTVs haben

- -> In Westdeutschland sank die FlächenTVbindung bis 2007 und blieb dann für die letzten vier Jahre konstant bei ca. 55 %
- -> Das Verhältnis von Flächen-, Firmen und keinen TVs ist dementsprechend anders
- -> Firmen-TVs spielen dort relativ gesehen eine wesentlich kleinere Rolle

- -> Insgesamt sieht man sofort, dass die Flächen-Tarifbindung in der BRD rückläufig ist

- -> Wichtig ist dabei, dass auch wenn keine Tarifbindung vorliegt, das nicht bedeuten muss, dass die Bedingungen im Betrieb schlechter sind, da sich viele nicht tarifgebundene Unternehmen an den Tarif-Abschlüssen orientieren
  - -> 2006 gaben ca. 40 % der nicht gebundenen Unternehmen an, sich an den Abschlüssen zu orientieren, davon allerdings erheblich abzuweichen
  - -> ca. 25 % übernehmen die Abschlüsse mit nach eigenen Angaben unbedeutenden Abweichungen
  - -> und 4 % halten sie generell ein
- -> Konkret auf Löhne bezogen, geben 13 % an, tariflich zu entlohnen und 42 % sagen sie weichen nur etwas ab

FRAGEN

2. Unterschied Flächen-, FirmenTV und Einzelverhandlung

- Prinzipiell gibt es zwei Arten von TVs die Gewerkschaften aushandeln
  - -> Firmen- oder Haustarifverträge, d.h. die Gewerkschaft und der einzelne AG verhandeln
  - -> Flächen- oder Branchentarifverträge, d.h. die im AG-Verband organisierten AGs verhandeln mit einer Gewerkschaft

- Der FlächenTV findet Anwendung in klassischen Industriezweigen (Metall, Elektro, Eisen, Stahl, Chemie) sowie im Versicherungs- und Bankensektor
- FirmenTVs findet man hingegen in ehemaligen Staatsbetrieben (Bahn, Post, Telekom) sowie Luftfahrt und Mineralölindustrie
- Eine Mischung aus beiden Varianten gibt es vor allem in der Energie- und Gesundheitswirtschaft
=> Es lässt sich feststellen dass große Betriebe öfters flächentariflich gebunden sind
=> Betriebe mit wenig Arbeitern, bzw. hohem Akademikeranteil sind dagegen häufig ungebunden
- Der FlächenTV erfüllt für Unternehmen und Gewerkschaften unterschiedliche Funktionen

- Für Unternehmen
  -> *Kartellfunktion*: Begrenzung der Kostenkonkurrenz um die Dimension des Lohns sowie allg.
  Arbeitsbedingungen
  -> *Befriedungsfunktion*: Vorübergehender Verzicht auf Arbeitskampfmaßnahmen
  -> *Ordnungsfunktion*: Planungssicherheit hinsichtlich der Lohn- und Arbeitsbedingungen sowie der
  Lieferantenbeziehungen
  -> *Entlastungsfunktion*: Entlastung des betrieblichen Managements von der Entwicklung eigener
  Vergütungssysteme und somit Rechtssicherheit in der Personalpolitik
  -> *Transaktionskostenminimierung*: Zeitliche und finanzielle Ersparnis durch Verzicht auf Aushandlung
  individueller Arbeitsverträge und hauseigener TVs
  -> *„Sozialpartnerschaft"*: Beförderung der innerbetrieblichen Kooperationskultur durch Auslagerung des
  Konflikts

- Für Gewerkschaften
  -> Der FlächenTV hat für die Gewerkschaft den großen Vorteil die strukturelle Unterlegenheit im Betrieb
  durch die Auslagerung zu verbessern
      -> konkret kann der Unternehmer eben nicht argumentieren, dass er durch höhere Lohnkosten
      nicht mehr konkurrenzfähig sei, da die Konkurrenz ebenfalls höher Kosten hat
  -> Bei der Aushandlung von FlächenTVs orientierten sich Gewerkschaften an der erwarteten
  Inflationsrate, dem gesamtgesellschaftlichen Produktivitätsanstieg und einer Umverteilungskomponente
      -> FirmenTVs lehnen sich hingegen an die betrieblichen Ertragssituation an, d.h.
      Gewerkschaftliche Grundforderungen können kaum auf betrieblicher Ebene umgesetzt werden
  -> Ohne Flächentarife Können dementsprechend Forderungen nach gleichem Entgelt für gleich Arbeit
  nicht erfüllt werden, weder zwischen Betrieben, noch zw. den Geschlechtern und erst recht nicht
  zwischen Ost und West
      -> wobei hier auch ein Unterschied zwischen Forderungen und Taten ist im Hinblick auf
      Branchentarifverträge in Ost und West
  -> Gewerkschaften können ohne Flächen-TV keine Wirtschaftspolitik machen
      -> d.h. bei gewerkschaftlichen Forderungen geht es nicht nur um Umverteilung sondern auch um
      Krisenprävention
      -> Wenn die Produktion steigt, der Konsum aber nicht mitzieht entsteht automatisch eine Krise
      -> solche Mechanismen können unmöglich durch FirmenTVs beeinflusst werden, da es dort
      keinen Blick für die Gesamtwirtschaft gibt

- FirmenTVs bieten
  -> für Unternehmen die Möglichkeit niedrigere Löhne zu zahlen als die Konkurrenz
  -> für Gewerkschaften eigentlich keine Vorteile, da sie immer die Möglichkeit haben, Konditionen eines
  Flächentarifvertrages durch einen Firmentarifvertrag zu verbessern

- Insgesamt sind die Vorteile von FlächenTVs für aber Arbeitgeber weniger groß
- Die Beschäftigten haben das betriebsübergreifende Interesse an besseren Arbeitsbedingungen, wohingegen die
Unternehmen durch die Konkurrenz gezwungen sind höhere Gewinne zu machen um auf dem Markt nicht
unterzugehen
      -> d.h. dass Zusammenschlüsse auf Kapitalseite sehr fragil sein müssen, da das Bündnis sofort aufgelöst
      wird, sobald der Einzelne die Möglichkeit sieht, sich einen Vorteil verschaffen zu können

FRAGEN

2

3. Ursachen sinkender Flächen-Tarifbindung:

- Hauptgrund für die sinkende Flächentarifbindung ist der Austritt von Unternehmen aus AG-Verbänden bzw. die
  Möglichkeit Arbeitgeberverbänden beizutreten ohne tarifgebunden zu sein, eine sog. OT-Mitgliedschaft
  -> d.h. Unternehmen können die Beratungsfunktionen sowie finanzielle Unterstützung des Verbandes in
  Anspruch nehmen, müssen sich jedoch nicht an Tarifabschlüsse halten
  -> genaue Zahlen gibt es dazu nicht, aber ca. 1/3 der Arbeitgeberverbände ermöglichten 2006 eine
  solche Mitgliedschaft

- Tariflose Zustände:
  -> Normalerweise werden TVs nach ihrem Auslaufen binnen 4-6 Wochen erneuert
  -> Von einem tariflosen Zustand ist allgemein dann die Rede, wenn kein TV gilt
  -> allerdings wirkt nach Ablauf des alten TVs dieser solange weiter, bis ein neuer abgeschlossen wird
  -> diese Nachwirkung betrifft allerdings nur jene Arbeiter, die bis zum Abschluss des Tarifs beschäftigt
  waren, also nicht für neue
  -> Diese Zustände können auch über Jahre anhalten
     - Die Situation entsteht wenn Verhandlungen hinausgezögert werden oder wenn der Arbeitgeber
       den Arbeitgeberverband verlässt
     - Für einen Firmentarifvertrag müsste sich die Gewerkschaft im Betrieb einsetzen, was in schwach
       organisierten Bereichen äußerst schwer ist

- Der Theoretischer Hintergrund aus Sicht der Arbeitgeber ist, dass
     - durch grenzüberschreitende Verwertungsstrategien verschärfte Wettbewerbsbedingungen Einzug
       halten und die Konkurrenz internationalisiert ist. Somit wird die Kartellfunktion nicht mehr erfüllt
     - Mitgliederverluste bei den Gewerkschaften sowie die Disziplinierungsfunktion von
       Massenarbeitslosigkeit und prekärer Beschäftigung machen die Befriedigungsfunktion ebenfalls
       entbehrlich
     - Die innere Kooperationskultur wird schon durch sog. „Bündnisse für Arbeit" erreicht, das heißt abhängig
       Beschäftigte verzichten auf Rechte und bekommen dafür eine befristete Arbeitsplatzgarantie
          -> hier ist praktisch keine zusätzliche flächendeckende Konditionierung nötig
=> D.h. insgesamt erfüllt der FlächenTV für Unternehmen keine gewinnbringenden Funktionen mehr

FRAGEN

4. Erosion des Flächen-TVs
- Differenzierung
     -> Für bestimmte Beschäftigtengruppen, Betriebe, Teilbranchen gelten unterschiedliche Tarifstandards

- Öffnungsklauseln
     -> Öffnungsklauseln gibt es in allgemeiner und spezieller Form
          -> eine spezielle Öffnungsklausel gibt es beispielsweise in der Chemie-Industrie, dort kann das 13.
          Monatseinkommen gekürzt werden, wenn tiefgreifende wirtschaftliche Schwierigkeiten
          vorhanden sind
          -> allgemeine Öffnungsklauseln sind hingegen nicht auf best. Betriebe beschränkt

     -> Gewerkschaften und AG können TVs mit Öffnungsklauseln versehen
          -> diese erlauben den Abschluss ergänzender Betriebsvereinbarungen
          -> oder vom Tarifvertrag abweichende arbeitsvertragliche Regelungen

-> sie können zum zeitlich befristeten Unterschreiten tariflicher Mindeststandards benutzt werden
    -> z.b. für Arbeitszeitverlängerungen oder –verkürzungen ohne Lohnausgleich
        -> teilweise wird hierbei die Zustimmung des Betriebsrates benötigt
-> Die Grafik an der Seite zeigt, dass 2005 drei von vier tarifgebundenen Betrieben diese Möglichkeiten nutzten um von Standards abzuweichen
    -> Zwischen 2002 und 2005 hat sich der Anteil somit verdoppelt
    -> Am häufigsten werden die Arbeitszeiten mit dem Betriebsrat verhandelt, was eig. unproblematisch ist

    -> Problematisch wird es beim Rest: Also Verhandlungen über Arbeitszeitverlängerungen, die Löhne/Gehälter von neuen Beschäftigten und vor allem bei der Absenkung der tariflichen Grundvergütung
    -> Besonders erwähnenswert sind Härtefallklauseln, die der Rettung von Betrieben dienen, aber erst wenn es in Schwierigkeiten gerät
    -> mit den jetzigen Öffnungsklauseln können Betriebe aber auch schon vorher Anpassungen vornehmen

-> „Betriebliche Bündnissen für Arbeit"
    -> das bedeutet konkret, dass sich Betriebsrat und Managment z.b. darauf einigen im Austausch gegen Arbeitszeitverlängerungen eine Arbeitsplatzgarantie zu erhalten und das eben unabhängig von der Ertragslage
    -> Das Öffnet nat. einen großen Raum um FlächenTVs mit Hilfe des Betriebsrates zu unterlaufen
    -> In ca. 30 % aller und in jedem zweiten größeren Betrieb soll es solche Vereinbarungen geben
    -> Im Prinzip kann ein Unternehmen drohen, den Standort zu verlagern wenn die Beschäftigten nicht auf dies oder jenes Verzichten was der Betriebsrat logischerweise machen wird

- Solche Möglichkeiten führen zu einer Verbetrieblichung der Interessenvertretung, da Entgelte/Arbeitsbedingungen praktisch vom Betriebsrat vereinbart werden müssen
    -> da Betriebsräte nicht zum Streik aufrufen dürfen, stehen sie in diesen Verhandlungen oftmals schlecht da, weshalb auch nur 12 % der Betriebsräte in einer Befragung von 2005 solche Klauseln begrüßen

- Neben diesen Möglichkeiten der Erosion besteht auch noch die Möglichkeit Tarifverträge im Betrieb einfach nicht umzusetzen
    -> Bahnmüller hat das genau das untersucht und kommt zu dem Schluss dass die Verbindlichkeit deutlich gelitten hat, so kommt es in ca. 15-20% der Betriebe zu Unterschreitungen der Tarifnormen

FRAGEN ZU ÖFFNUNGSKLAUSELN

5 Tarifkonkurrenz:
- Eine weitere Möglichkeit der Erosion entsteht durch die Konkurrenz von DGB-Gewerkschaften zu anderen Gewerkschaften
    -> bis 2010 galt nach der ständigen Rechtsprechung des BAG (Bundesarbeitsgericht) der Grundsatz der Tarifeinheit im Betrieb
    -> d.h. wenn mehrere TVs dasselbe Gebiet betreffen, dann gilt jener der „spezieller" ist, also die Auflösung erfolgte nach dem sog. Spezialitätenprinzip
    -> spezieller ist jener TV, der der den Erfordernissen und Eigenarten des Betriebes am nächsten Stand
    -> daraus folgte in aller Regel, dass ein Flächen-TV durch einen Firmen-TV verdrängt wurde

- Die beiden größten Dachverbände neben dem DGB sind der dbb beamtenbund und tarifunion (knapp 1,3 Millionen Mitglieder und der Christliche Gewerkschaftsbund (CGB) mit unter 0,3 Millionen
- Daneben gibt es noch die autonomen Gewerkschaften, wie den Marburger Bund (für Ärzte), GDL (fahrendes Bahnpersonal) oder die Vereinigung Cockpit (für die Piloten)

- Im Prinzip hat diese Konkurrenz zwei Folgen, wobei eine davon mittlerweile keine große Rolle mehr spielt, da der Grundsatz der Tarifeinheit nicht mehr angewandt wird
    -> nämlich die Unterbietung von FlächenTVs durch christliche Gewerkschaften
    -> dafür reichte es theoretisch wenn nur ein Arbeiter Mitglied in einer CGB-Gewerkschaft war
    -> diese Gewerkschaften schlossen z.b. TVs mit Einstiegslöhnen von 5,77 Euro in der Zeitarbeit
    -> das Problem war, dass dagegen nichts unternommmen werden konnte
    -> teilweise erfuhr der Betriebsrat über Nacht von einem TV und die Gewerkschaften durften nicht streiken da die Friedenspflicht auf alle übertragen wurde
- Mittlerweile können mehrere TVs in einem Betrieb nebeneinander existieren womit nicht CGB-Gewerkschaftsmitglieder den Tarif ihrer Gewerkschaft bekommen

    -> die zweite Folge ist Überbietung durch Sparten- und Berufsgewerkschaften
    -> diese können nat. höhere Löhne fordern, da sie häufig die Betriebselite darstellen
        -> d.h. die Menschen arbeiten in schwer ersetzbaren Positionen und haben dadurch mehr Macht
    -> Das Industrieverbandsprinzip der DGB-Gewerkschaften hat ja genau den Sinn, durch berufsübergreifende Solidarität, die Macht der Starken im Betrieb den schwachen zu Nutze zu machen
    -> dem widersprechen Berufsgewerkschaften natürlich
    -> diese Berufsgewerkschaften schließen in aller Regel HausTVs und verdrängen somit auch die DGB-Flächentarife

FRAGEN

6. Allgmeinverbindlichkeitserklärungen
- AVE bedeuten, dass ein Flächen-TV vom Bundesarbeitsministerium für allgemeinverbindlich erklärt wird
- Das gibts auch in einigen Branchen und Gebieten
    -> oft wird das Mindestlohn genannt, das ist es aber nicht
    -> momentan gibts solche Branchemindestlöhne in 9 Branachen (erfasst werden ca. 2,7 Mio Arbeiter)
    -> Dabei Schwanken die Beträge zwischen 6,53 Eu für Wachpersonal und 11,33 Eu für Gebäudereiniger
    -> hier wird teilweise auch stark nach Ost und West differenziert (der Gebäudereiniger z.b. bekommt im Osten 8,88 Eu)
    -> Insgesamt sind die Mindestlöhne von 6 der 9 Branchen unter dem vom DGB geforderten Mindestlohn von 8,50 Eu
- Das Problem von AVE ist, dass ein solche einvernehmlich zwischen Arbeitgeberverband und Gewerkschaft geschossen werden muss
-> des Weiteren müssen 50 Prozent der Arbeitnehmer dieser Branche in Betrieben arbeiten, die durch den Arbeitgeberverband repräsentiert werden und es muss ein öffentliches Interesse vorliegen